Inhalt

W0395497

1 Namenwörter

Bilde mit folgenden Buchstaben Namenwörter und schreibe sie auf die Zeilen!

EMULB	NEIREF	REMMOS	
Blume	______	______	
EFRED	ÜLCKG	LBAUUR	ELNIAL
______	______	______	______

2 Wörter mit ck oder tz

Setze richtig ein: ck oder tz!

Ka____e, Schne____e, We____er, wi____ig, Brü____e,

pu____en, Zu____er, schmu____ig, Rü____en, Hi____e

Teile die Wörter jetzt ab!

ck-Wörter abteilen: Schne-cke, ____________________

____

tz-Wörter abteilen: Kat-ze, ____________________

____

Suche dir zwei ck-Wörter und zwei tz-Wörter aus und bilde damit Sätze in deinem Heft!

3 Rätsel

Welcher Satz wird gesucht?

SCH	A	R	E	S	W	CH	I	T	N	D

1 Ordnen nach dem ABC

Ordne folgende Tunwörter nach dem ABC!

braten, bauen, bitten, blühen, boxen, befehlen

1. ____________ 2. ____________ 3. ____________

4. ____________ 5. ____________ 6. ____________

2 Wortfamilie „fahren“

Setze die Wörter aus dem Kasten richtig ein!

Fahrprüfung	fahren	Fahrrad	fährt	Fahrbahn

Markus und Niki ____________ in den Urlaub.

Herr Otto hat die ________________________ geschafft.

Wenn ich mit dem ________________________ unterwegs bin, trage ich einen Helm.

Leo möchte auf dem Zebrastreifen die ____________ überqueren.

Johannes ____________ mit dem Roller in die Schule.

Schreibe die Sätze in dein Heft! Unterstreiche die Wörter aus der Wortfamilie „fahren“ mit einem Buntstift!

3 Lernwörter

Baue die Lernwörter in deinem Heft auf!

~~üben~~, Ferienzeit, Zucker, trocken, jetzt, schmecken

1 Tunwörter (Zeitwörter)

Kreise alle Zeitwörter ein und schreibe sie anschließend in die Tabelle.

Nennform	Mitvergangenheit	Nennform	Mitvergangenheit
schießen	schoss		

2 Selbstlaute, Umlaute, Zwielaute

Welche Laute fehlen hier?

Trage Selbstlaute blau, Umlaute rot und Zwielaute grün ein.

3 Rätsel

Schreibe nur den Anfangsbuchstaben auf!

L E R N S P A S S

4 Lückentext

Welche Wörter fehlen hier?

Tim und Marie fahren heute auf einen (B)________________ .
Sie nehmen ihre (g)________________ Rucksäcke und
steigen (i)__________ Auto ein. Nach (e)________________
langen (A)________________ sind sie endlich am Ziel.
Der (B)________________ begrüßt sie (f)________________
und auch der Hofhund (b)________________ laut zur Begrüßung.
Das (w)__________ sicherlich (z)__________ sehr schöne Wochen.

bellt, ins, einer, gepackten, zwei, Bauer, freundlich, Bauernhof, Autofahrt, werden

5 Lange Selbstlaute – kurze Selbstlaute

Ordne die Wörter in zwei Gruppen in deinem Heft.
Achte auf die fett gedruckten Selbstlaute!

Igel  F**e**rien R**u**tsche  h**a**ben St**u**nde
F**i**lm D**o**rf Br**u**der l**i**nks f**a**llen F**u**ß 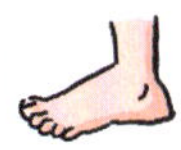
g**e**ben F**e**nster  V**a**ter b**u**nt Sch**u**le M**u**tter

langer Selbstlaut + ein Mitlaut	kurzer Selbstlaut + zwei oder mehr Mitlaute

6 Lernwörter

Baue die Lernwörter in deinem Heft ab!

~~hören~~, reisen, Österreich,
Freunde, Freundinnen, heißen,
Schlauch

1 Wiewörter (Eigenschaftswörter)

Setze die Wörter aus dem Kasten richtig ein!

kühl	lustig	heiß	süß	spannend	schwer

ein ________________ Clown; ein ________________ Sommertag;

eine ________________ Limonade; ein ________________ Wind;

ein ________________ Film; eine ________________ Schultasche

Suche dir drei Wortgruppen aus und bilde damit Sätze in deinem Heft!

2 Doppelselbstlaute

Trage die Wörter in die passenden Bücher ein!

B____re H____re M____r M____r M____s S____l

Paar oder paar?

ein __________ Schuhe, ein __________ Zuckerl,

ein __________ Steine, ein __________ Sandalen

3 Rätsel

In der Schlange sind fünf Wörter mit ee versteckt.
Male sie an!

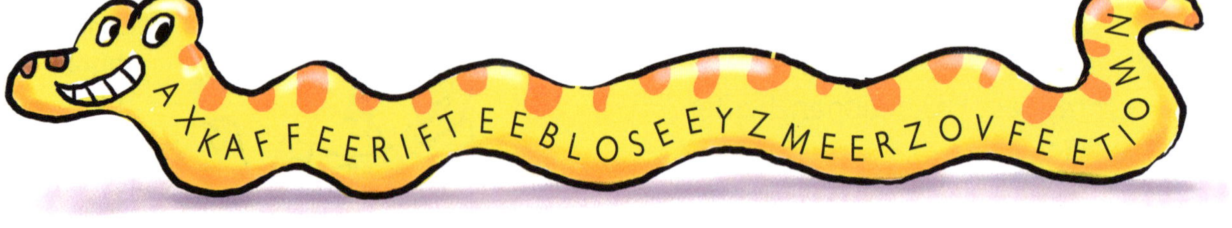

4 Satzglieder

Kennzeichne die Satzglieder!

① Theo | geht | am Abend | früh | ins Bett.

② Peter fährt gern mit dem Fahrrad.

③ Julia trifft im Schwimmbad ihre Freundin.

④ Max und Emil bauen am Strand eine Sandburg.

⑤ Maria liest in der Früh die Tageszeitung.

Stelle jetzt die Satzglieder einmal um und schreibe die Sätze in dein Heft:
① Am Abend geht Leo früh ins Bett.

5 Wortfeld „lärmen“

Finde in der Schatzkiste Wörter für „lärmen“, die besser passen!

Nathalie und Susi ~~lärmen~~ klatschen nach der Vorstellung.

Der Elefant lärmt ______________ mit seinem Rüssel.

Der Krampus lärmt ______________ mit seinen Ketten.

Die Autoreifen lärmen ______________ beim Bremsen.

Oli lärmt ______________ mit seinen Füßen.

6 Lernwörter

Baue die Lernwörter in deinem Heft auf!

Haare, Badesee, Motorboot, ausleeren, ängstlich, lustig, ärmellos, durstig

1 Begleiter (Artikel) „der – die – das“

Finde zu den Bildern die passenden Artikel. Trage sie in die Tabelle ein.

_____  _____  _____ 

_____  _____  _____ 

_____  _____  _____ 

der	die	das
der Baum		

2 Wörter mit ss oder ß

Setze die fehlenden Wörter richtig ein!

An einem (h)_______________ Sommertag

(m)_______________ man die Blumen am Abend gut

(g)_______________.

Die Kinder (l)_______________ das (W)

_______________ über die Steine (f)_______________.

Der (w)_______________ (Sch)_______________

gehört zum alten (Sch)_______________.

3 Rätsel

Verbinde die Zahlwörter der Reihe nach!

4 Wörtliche Rede

In jeder Zeile fehlen vier Satzzeichen. Ergänze sie!
Überlege vorher, um welche Satzart es sich handelt.

Mama, gib mir bitte die Schere

Wozu brauchst du sie

Ich möchte gern ein Bild ausschneiden

Hier hast du sie

Danke

5 Sätze mit dass

Was denken diese Kinder? Die Wortgruppen unten helfen dir dabei!

Fabian hofft, dass er ______________________________

Caroline wünscht sich, dass morgen ______________________________

Julian freut sich, dass er mit ______________________________

Lea stellt sich vor, dass sie bald ______________________________

Sonne scheinen | Eis bekommen | Pferd reiten | Ringelspiel fahren

6 Lernwörter

Baue die Lernwörter in deinem Heft ab!

süß, nass, bissig, schließen, Fluss, floss, goss, essen

1 Schattenrätsel

Welcher Schatten gehört zum bunten Vogel?

2 Bilderrätsel

Lösung: 1 2 | 3 4 5 6 | 7 8 9 10 11 !

3 Sudoku

Jedes Symbol / Jeder Buchstabe (A, B, C, D) darf in jeder Reihe, jeder Spalte und jedem Block nur einmal vorkommen.

	C		
A		C	D
	A		
		A	C

4 Spiegelwörter

Verbinde das Eigenschaftswort mit seinem Spiegelbild!

durstig durstig (gespiegelt) lustig sportlich (gespiegelt)

müde klein lustig (gespiegelt) klein (gespiegelt)

glücklich (gespiegelt) müde (gespiegelt) glücklich sportlich

5 Schau genau!

Welches Bild passt hier nicht hin?

6 Wie heißt das Wort?

Suche alle Buchstaben. In der richtigen Reihenfolge aufgeschrieben, ergeben sie einen Gegenstand, den du bestimmt auch in deiner Schultasche findest.

Das Wort heißt: ______________________

1 Namenwörter mit den Endsilben -heit, -keit, -ung

Bilde aus Eigenschaftswörtern Namenwörter!

dankbar → die Dankbarkeit

rein → ______

krank → ______

gemütlich → ______

dumm → ______

kurzsichtig → ______

Bilde aus Zeitwörtern Namenwörter!

zeichnen → die Zeichnung

erholen → ______

einladen → ______

reinigen → ______

ermahnen → ______

2 Wörter mit -ie-

Finde immer drei Reimwörter!

liegen, geblieben, fliegen, frisieren, siegen, verlieren, musizieren, lieben, schieben

prob**ieren**	b**iegen**	getr**ieben**
______	______	______
______	______	______
______	______	______

Suche dir drei Wörter aus und bilde damit Sätze in deinem Heft!

3 Schau genau!

Male gleiche Buchstaben mit derselben Farbe an! Welcher Buchstabe bleibt übrig? ______

A	Y	B	O	W	M	T	U	S
V	D	S	Y	X	V	W	N	T
O	M	U	R	A	N	D	X	B

4 Sätze zu Bildern ordnen

Welches Bild passt zum Satz? Nummeriere!

① ZWEI KINDER ESSEN SCHOKOLADE.
② IM GARTEN STEHT EIN APFELBAUM.
③ DAS AUTO HAT EINE GRÜNE TÜR.
④ IN DER BADEWANNE SCHWIMMT EINE GUMMIENTE.
⑤ DAVID LIEST EIN SPANNENDES BUCH.
⑥ DIE BIENE SITZT AUF EINER BLUME.

☐ 

☐ 

☐ 

☐ 

☐ 

☐ 

Schreibe die Sätze in Schreibschrift in dein Heft!

5 Doppelmitlaute

Setze die fehlenden „Zwillinge“ ein und schreibe die Wörter in die Tabelle!

Tro mm el, So____e, Wa____er, Mi____woch,

Fü____feder, Se ss el, Ma____, Se____el, Qua____e,

Ri____er, To____e, Ku____, Mo____e, Te____er, Ha____er

ll – ~~ss~~ – ~~mm~~ – ll – nn – tt – mm – ss – nn – tt – ll – nn – mm – tt – ss

ll	mm	nn	ss	tt
	Trommel			
			Sessel	

6 Lernwörter

Baue die Lernwörter in deinem Heft auf!

Bagger, fliegen, liegen, biegen, kommen, probieren, knurren, bellen

1 Zeitwörter: Mitvergangenheit – Vergangenheit

Unterstreiche die Zeitwörter und trage ihre Formen in die Tabelle ein.

Bianca läuft wild herum. Plötzlich schreit Patrick laut.
Bianca sitzt auf dem Boden und weint. Ihr Knie blutet.
Biancas Mama klebt ein Pflaster über die Wunde.

Nennform	Mitvergangenheit	Vergangenheit
laufen	sie lief	sie ist gelaufen

2 i lang gesprochen

Setze die Wörter richtig ein und kreise anschließend alle i-Namen bunt ein.

mir dir Kilometer Rosinen Kino wir

Simon und Pia gehen mit ________ ins ________.

________ schenken Alina einen Kuchen mit ________.

Martina fährt mit ________ viele ________ mit dem Rad.

3 Rätsel

4 Aus Satzbausteinen Sätze bauen

Bilde aus den Satzbausteinen sinnvolle Sätze und schreibe sie auf!

ich	wird	auf deinem	Bilder	rudern
die Klasse	wirst	mit ihrem	Lieder	fahren
du	wird	mit meiner	auf Projektwoche	ausschneiden
Magdalena	werde	mit einem	über den See	spielen

5 Beistriche setzen

Setze in der folgenden Geschichte die Beistriche richtig ein und male das Bild nach der Angabe fertig.

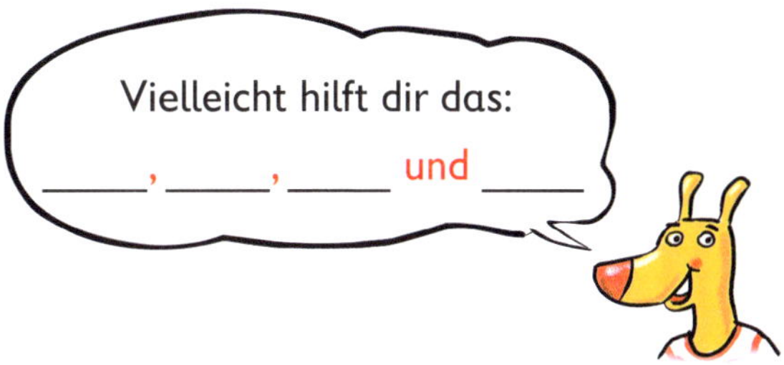

Das Haus hat drei Fenster eine Türe und einen Rauchfang. Am Gartenzaun lehnen ein rotes Fahrrad ein gelbes Laufrad und ein grüner Besen. Im Garten stehen ein Plantschbecken eine Schaukel eine rote Rutsche und ein Apfelbaum.

Wie viele Beistriche hast du gesetzt? ____

6 Lernwörter

Baue die Lernwörter in deinem Heft ab!

Benzin, mir, dir, wir, Zukunft, Vergangenheit, Schokolade, Gras

1 Mit Eigenschaftswörtern vergleichen

Vervollständige die Sätze!

Mimi ist ____________________ als ihre Schwester.

Martin zeichnet ____________________ als Felix.

Doris schreit ____________________ als Alex.

Maxi läuft ____________________ als Ferdinand.

schnell

laut

schön

groß

Bilde Sätze mit:

… kleiner als … ____

… fleißiger als … ____

2 Namenwörter mit -ai- und -ei-

In dieser Schlange haben sich sechs -ai-Wörter und sechs -ei-Wörter versteckt. Finde sie und schreibe sie alphabetisch geordnet auf!

ai	
①	④
②	⑤
③	⑥

ei	
①	④
②	⑤
③	⑥

3 Rätsel

Welches Wort passt nicht in die Reihe? Streiche es durch!

1) Adler, Storch, Regenwurm, Rabe, Krähe
2) blau, grün, rosa, lachen, gelb, rot
3) gehen, springen, laufen, trinken, rennen
4) witzig, spritzig, lustig, herzlich, riesig, ruhig

4 Sätze verkürzen und verlängern

So verkürzt du die Sätze!
Herr Huber singt gerne in der Badewanne.
Herr Huber singt gerne.
Herr Huber singt.

Kennzeichne die Satzglieder und verkürze anschließend einen der Sätze, bis nur mehr zwei Satzglieder übrig sind!

① Der Vogel zwitschert am Morgen im Garten.

② Der Hund bellt laut über den Holzzaun.

So verlängerst du die Sätze!
Ina spielt.
Ina spielt mit Anna.
Ina spielt mit Anna im Park.

Verlängere nun einen Satz!
Es kommt immer ein Satzglied dazu.

① Rita tanzt. ② Ben schreibt.

5 ihm oder ihn?

Ersetze die unterstrichenen Wörter durch „ihm" oder „ihn". Schreibe die Sätze dann in dein Heft.

Sissi gibt Julian ein neues Heft.

Flüsterix sucht seinen Hund im Park.

Mein Vater versucht vergeblich, den Rasenmäher zu starten.

Bei der Geburtstagsfeier singt Eva mit Andi ein Lied.

6 Lernwörter

Baue die Lernwörter in deinem Heft auf!

Maikäfer, Maiskörner,
Haifisch, Freizeit,
Schreibtisch, Kleidung,
einschalten, eilig

1 Zusammengesetzte Eigenschaftswörter

Jeweils ein Bild und ein Eigenschaftswort ergeben ein sinnvolles zusammengesetztes Eigenschaftswort.

kalt
hart
dunkel
schnell
leicht
schwarz
klar
groß

Namenwort	+	Eigenschaftswort	=	zusammengesetztes Eigenschaftswort
Eis		kalt		eiskalt

2 Wörter mit eu und äu

Setze bei den Wörtern eu und äu richtig ein. Finde anschließend zu den äu-Wörtern das verwandte au-Wort und trage es in die Tabelle ein.

F☐er L☐te h☐slich t☐er
tr☐men br☐nlich M☐se
R☐ber fr☐ndlich
n☐gierig B☐che Z☐gnis

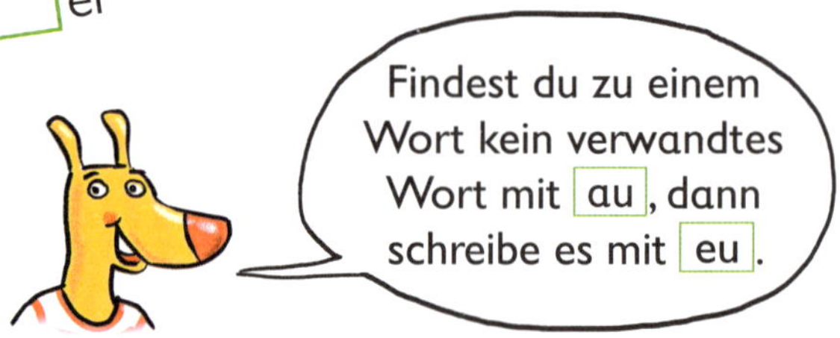

aus au wird äu			aus au wird äu		
Traum	→	träumen		→	
	→			→	
	→			→	

3 Rätsel

Möchtest wohl wissen, wer das ist, der immer mit zwei Löffeln isst.

Lösung: ____________________

4 Wenn-Sätze und Weil-Sätze

Bilde jeweils aus zwei kurzen Sätzen einen langen Satz. Aus den Sätzen im grünen Rahmen soll ein Weil-Satz werden und aus den Sätzen im lila Rahmen ein Wenn-Satz.

Elena ist krank. Sie bleibt heute im Bett.	Ich habe ein gutes Zeugnis. Opa schenkt mir ein Buch.
Es wird heute warm. Wir können schwimmen gehen.	Das Haus hat noch kein Dach. Die Familie kann nicht einziehen.

Schreibe so in dein Heft:
Weil Susi krank ist, bleibt sie …

5 Zeitwörter in Namenwörter verwandeln

Unterstreiche in den Sätzen die fünf Zeitwörter, die zu Namenwörtern geworden sind.

Das <u>Lesen</u> macht mir sehr viel Spaß.

Meine Haare sind beim Schwimmen nass geworden.

Mias Beine schmerzen vom Turnen.

Ich nehme zum Tauchen immer eine Taucherbrille.

Diese Geschichte ist wirklich zum Lachen.

Beim Tanzen drehe ich die Musik ganz laut auf.

Zeitwort → Namenwort		Zeitwort → Namenwort	
lesen →	*das Lesen*	→	
→		→	
→		→	

6 Lernwörter

Baue die Lernwörter in deinem Heft ab!

heute, Zeugnis, erzeugen, neugierig, träumen, Geräusch, Gebäude, läuten

1 Bestimmte und unbestimmte Artikel

Schreibe zu den Namenwörtern ihre bestimmten und unbestimmten Artikel!

die Luftmatratze, *eine* Luftmatratze; _____ Ball, _____ Ball; _____ Haus, _____ Haus; _____ Flasche, _____ Flasche; _____ Papagei, _____ Papagei; _____ Schlauchboot, _____ Schlauchboot; _____ Vanilleeis, _____ Vanilleeis; _____ Sonnenbrille, _____ Sonnenbrille; _____ Baumhaus, _____ Baumhaus; _____ Verkehr, _____ Verkehr; _____ Veilchen, _____ Veilchen; _____ Villa, _____ Villa

2 Wörter mit V und v

Bilde mit vier Wörtern aus der Violine Sätze in deinem Heft!

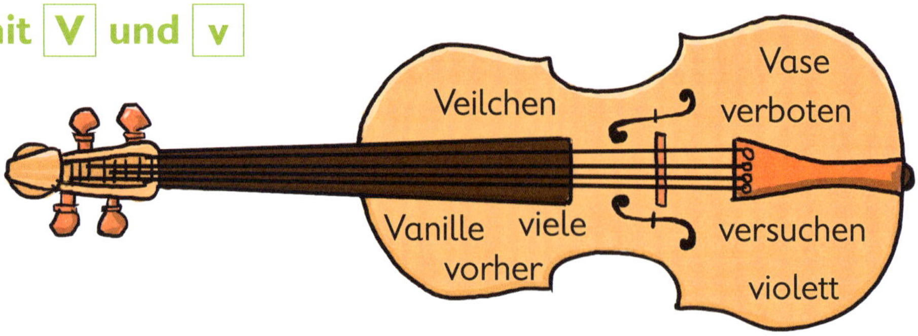

3 Rätsel

Setze die Wörter ein!

13 Buchstaben: Waschmaschine

12 Buchstaben: Sommerferien

11 Buchstaben: Reihenfolge

10 Buchstaben: Rasenmäher, Schokolade

9 Buchstaben: Eiswürfel

8 Buchstaben: Sandburg

5 Buchstaben: Grube

4 Buchstaben: Maus

4 Fragewörter

Bilde mit den Fragewörtern Fragesätze in deinem Heft!

Wann? Wo? Wie? Wozu?

Warum? Wieso? Wohin?

5 Sinnerfassendes Lesen

Male, was du liest:

Die Sonne scheint.
Auf dem See schwimmt
ein rotes Schlauchboot.
Im Boot sitzt ein Bub.
Er trägt ein grünes
T-Shirt.
Seinen Kopf schützt er
mit einer blauen Kappe.
Im Wasser kann man
zwei Fische erkennen.
Einer hat gestreifte
Flossen, der andere hat
gepunktete.

6 Lernwörter

Baue die Lernwörter in deinem Heft auf!

Veilchen, Vater, Vogel, Verkehr,
Vase, Villa, vielleicht, verkehrt

1 Wortspiel

Welche Wörter werden hier gesucht?

4 5 | 1 2 3 7

3 4 | 1 2 3 5 | 1 2 3 4 | 1 2 5

2 Spiegelbild

Welches Spiegelbild gehört zum Fisch?

3 Wörtersuche

In dieser Schlange haben sich sechs Wörter aus dem Wortfeld „gehen“ versteckt.
Finde sie und schreibe sie auf!

4 Lies und male an!

Der Clown trägt auf seinen roten Haaren einen blau-gelb gestreiften Hut mit einer roten Blume. Er hat blaue Augen und einen roten Mund. Sein Hemd ist orange, die Jacke grün mit bunten Flicken. Die Hose ist rot gestreift und die zwei Schuhe haben unterschiedliche Farben.

5 Labyrinth

Der kleine Bär hat sich verlaufen. Kannst du ihm helfen, zu seiner Familie zu kommen?

6 Verlorene Selbstlaute!

Hier sind alle Selbstlaute (Vokale) verloren gegangen. Kannst du die Sätze vervollständigen und das Eis zuordnen?

__ch h__b__
m__r h__ __t__ Sch__k__ __ __s,
V__n__ll__ __ __s __nd P__st__z__ __n-
__ __s g__n__mm__n. __nd d__?

__ch w__llt__ n__r
Fr__cht__ __s. __ch l__ __b__
Z__tr__n__n-, __rdb__ __r-
__nd B__n__n__n__ __s.

1 Namenwörter: Einzahl – Mehrzahl

Schaue dir das Bild genau an und schreibe auf!

Rutsche ✓	Stern
Schaukel ✓	Ball
Sandkiste	Kind
Kübel	Bank
Schaufel	Fahrrad

Einzahl	Mehrzahl
eine Rutsche,	zwei Schaukeln,

2 Aus a wird ä und aus au wird äu

Unterstreiche alle Zeitwörter und trage sie in die Tabelle ein!

Ich halte das Hundebaby an der Leine. Es läuft neben mir her.

Der Wind fängt an, stark zu blasen. Ich trage den Welpen nach Hause.

Ich-Form	Du-Form	Er/Sie/Es-Form
ich halte	du hältst	er hält
ich	du	es
ich	du	er
ich	du	er
ich	du	sie

3 Rätsel

Male alle Namenwörter in der Einzahl grün und in der Mehrzahl blau an.

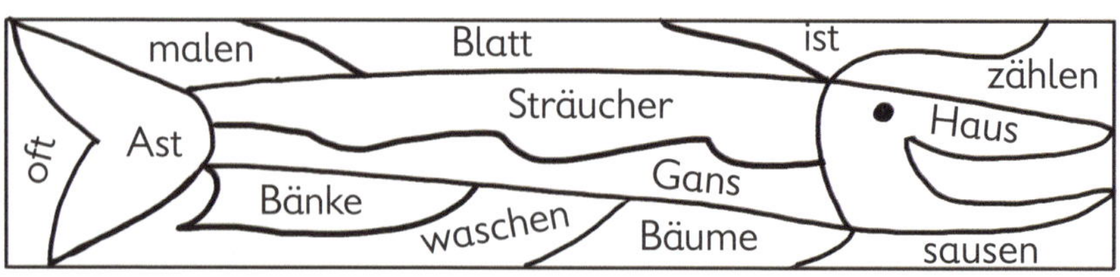

4 Unsinnssätze

In der Geschichte musst du fünf Sätze ändern, damit sie Sinn ergeben. Schreibe dann die Geschichte richtig in dein Heft!

Am Wochenende hämmerte ich mit meinem Onkel in den Prater. Wir stiegen in die Geisterbahn ein. Unser Wagen ging schnell los. Plötzlich bekam etwas unter uns. Ich dauerte Angst und versteckte mich. Zum Glück düste die Fahrt nicht mehr lange. So schnell werde ich nicht mehr mit der Geisterbahn fahren.

5 Sammelnamen

Schaue dir die Wörter und Bilder genau an. Kreise sie anschließend mit der passenden Farbe der Sammelnamen ein und schreibe sie in die Tabelle. Einige Wörter bleiben übrig. Findest du für sie einen Sammelnamen?

Pferd

Kasten

Hund

Tisch

Schlecker

Zuckerl

Säugetiere	Möbel	

6 Lernwörter

Baue die Lernwörter in deinem Heft ab!

Erlebnis, plötzlich, beginnen, Tropfen, Zwetschke, Geschenk, springen, Sommer

1 Personalformen

Verändere die Zeitwörter und setze sie ein!

spielen · tanzen · gehen · rufen · malen · lachen · schwimmen · lesen · lernen

ich	du	er/sie/es
ich *gehe*	du ______	er ______
ich ______	du *liest*	sie ______
ich ______	du ______	es ______
ich ______	du ______	er ______
ich ______	du ______	sie ______
ich ______	du ______	es ______
ich ______	du ______	er ______
ich ______	du ______	sie ______
ich ______	du ______	es *schwimmt*

2 st oder ßt?

Setze richtig ein! 

Marco bei____ vom Apfel ab. Moni rei____ ans Meer.

Conni hei____ eigentlich Cornelia.

Der Geier krei____ um seine Beute.

Berni geht mei____ens früh ins Bett.

3 Rätsel

Sudoku:
Die Zahlen 1–6
dürfen in jeder Reihe, Spalte und
jedem Block nur
einmal vorkommen!

	1			3	2
5	2		3		
6		4			
		3		2	
2	4		5		
3				6	4

4 Fehlergeschichte

In jedem Satz ist ein Wort, das nicht dazupasst. Streiche es durch und schreibe die Sätze richtig in dein Heft!

Ein Ausflug zum Strand

Enes packt seine Regenwurm blaue Badetasche.
Er steckt ein Hupe Badetuch und Sonnencreme hinein.
Mit dem Fahrrad zwinkert fährt er dann zum Badestrand.
Dort watschelt wartet schon sein Freund Niki auf ihn.
Beide verbringen einen schönen Flugzeug Tag am Strand.

5 Immer das Gegenteil

Verbinde!

heiß	Nacht	klein	dick	schwarz	traurig
weiß	kalt	Tag	groß	fröhlich	dünn

Schreibe jetzt so in dein Heft:
weiß – schwarz, kalt – …

6 Lernwörter

Baue die Lernwörter in deinem Heft auf!

Familie, Bäckerei, husten, lästig, kosten, kirschrot, gestern, pflücken

1 Namenwörter in Eigenschaftswörter verwandeln

Zaubere aus den Namenwörtern mit den Endsilben -lich, -isch und -ig Eigenschaftswörter!

Eis Ärger Gefahr
Schreck Türkei Ruhe
Herr Tiere
Ecke Witz
Himmel Sturm

-lich	-isch	-ig
___	___	___
___	___	___
___	___	___
___	___	___

2 lz – nz – rz / lk – nk – rk

Finde die passenden Reimwörter!

Schanze – W__________ würzen – k__________
Bolzen – h__________ kurz – St__________
Salz – Schm__________ Stolz – H__________

Schrank – B__________ stark – P__________
merken – w__________ Balken – F__________
Nelken – w__________ schenken – d__________

3 Rätsel

Welche Wörter von Nummer 2 haben sich hier in der Geheimschrift versteckt? Schreibe sie auf!

__________ __________ __________ __________ __________

4 Passende Eigenschaftswörter

Suche zu den Bildern die passenden Eigenschaftswörter und verbinde sie!

sauer, strahlend, weich, saftig, fleißig, blau, alt, heiß

Schreibe so auf:

die saure Zitrone,

____

____

5 Vorsilben

Welche Vorsilben passen zu den Zeitwörtern? Setze sie ein!

eine Münze _______ werfen

das Licht _______ schalten

beim Tunnel _______ fahren

für immer _______ gehen

an die Wand _______ lehnen

ein Buch _______ lesen

dem Ball _______ laufen

einen Fluss _______ queren

in der Früh _______ stehen

beim Quiz _______ spielen

fort-, mit-, auf-, aus-, ein-, nach-, vor-, durch-, an-, über-
Versuche jede Vorsilbe nur einmal zu verwenden!

Schreibe nur die zusammengesetzten Zeitwörter so in dein Heft:

einwerfen, ...

6 Lernwörter

Baue die Lernwörter in deinem Heft ab!

Salz, trinken, Schmerz, lenken, tanzen, herzlich, Balkon, parken

1 Zusammengesetzte Eigenschaftswörter

Bilde zusammengesetzte Eigenschaftswörter!

Samt und weich	=	________	=	*weich wie Samt*
 Eis und kalt	=	________	=	________
Feuer und rot	=	________	=	________
 Zitronen und gelb	=	________	=	________
Zucker und süß	=	________	=	________
Blitz und schnell	=	________	=	________

2 Stummes h / Dehnungs-h

Male das stumme h und den Selbstlaut davor an!

Mehl, Kehle, Reh, Huhn, Kohle,

fahren, bohren, wählen, nehmen,

Jahr, Bohne, wohnen, Taschenuhr, Zahn

Suche dir vier Wörter mit Dehnungs-h aus und bilde damit Sätze in deinem Heft:

Mehl braucht man zum Backen.

3 Rätsel

Was heißt denn das?

~~C~~HI IEL~~E~~SP ~~G~~REN MI NETRA~~G~~.

C____ ________E G________ ____ G________.

4 Reimwörter

Finde das Reimwort und male die beiden Puzzleteile in derselben Farbe an!

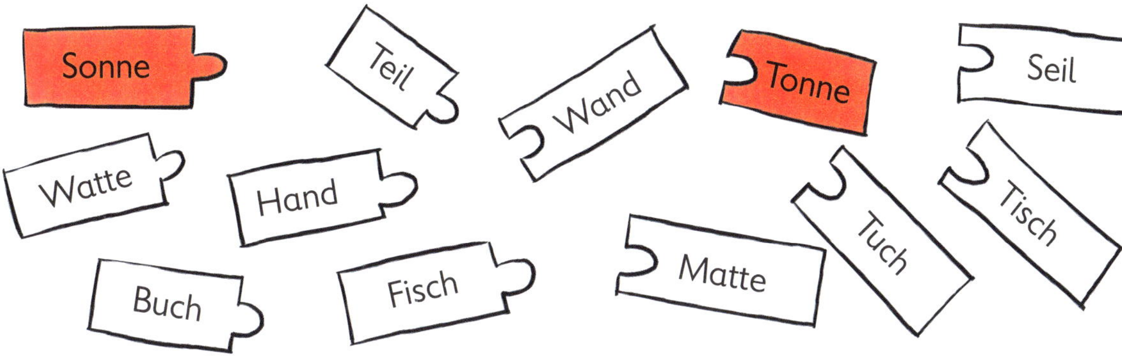

Schreibe nun die Reimwörter auf:

Sonne – Tonne, Watte – ______________________________

____

____

5 Satzzeichen

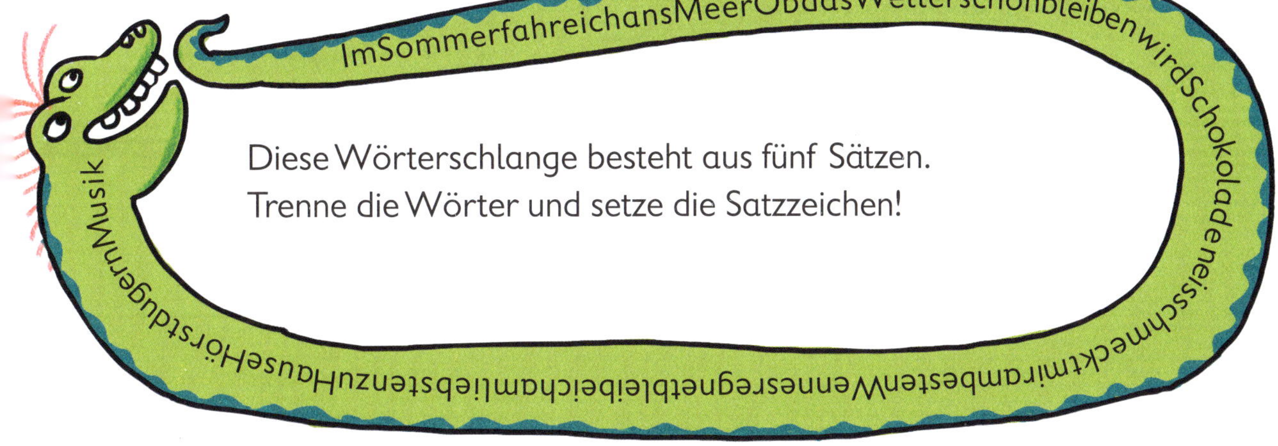

Diese Wörterschlange besteht aus fünf Sätzen.
Trenne die Wörter und setze die Satzzeichen!

Schreibe die Sätze in dein Heft! Vergiss die Satzzeichen nicht!

6 Lernwörter

Baue die Lernwörter in deinem Heft auf!

Mahlzeit, Wohnung, Gehsteig, Sohn,
Rahm, nehmen, belohnen, ernähren

1 Wortarten

Unterstreiche alle Namenwörter blau, alle Zeitwörter rot und alle Eigenschaftswörter gelb. Trage sie anschließend in eine Tabelle ein!

In den Ferien

An einem warmen Ferientag treffen sich drei gute Freunde. Sie haben großen Hunger und laufen schnell zu dem neuen Eissalon. Dort bestellen sie jeder eine große Tüte mit ihrem Lieblingseis. Die Buben schlecken genüsslich ihr frisches Eis. Dann schlendern sie gemütlich wieder nach Hause.

Namenwort	Zeitwort	Eigenschaftswort
Ferien		

2 Wörter mit Z/z

In der Schnecke haben sich z-Wörter versteckt. Schreibe sie in die richtige Zeile!

Z oder z am Anfang: ______________________

z in der Mitte: ______________________

z am Ende: ______________________

3 Rätsel

Im linken Bild haben sich zehn Fehler versteckt. Finde sie und kreise sie ein!

4 Ansichtskarte schreiben

Schreibe an jemanden, den du magst (Freundin, Opa, Bruder, Tante …) eine Ansichtskarte aus deinem Urlaub.

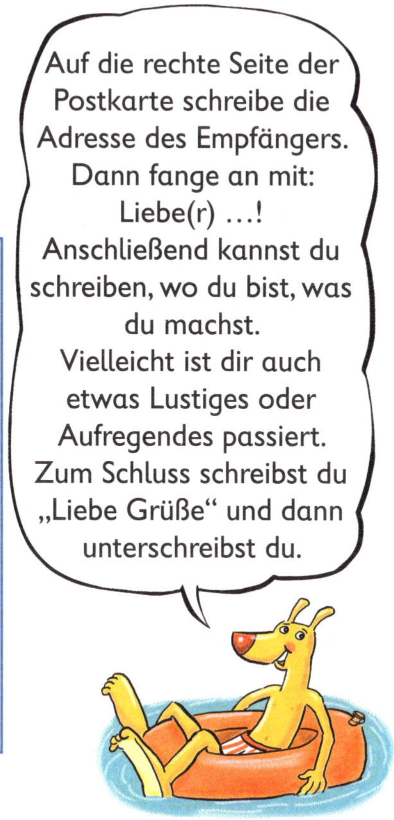

5 Zukunftssätze

Überlege dir fünf gute Vorsätze für das nächste Schuljahr und schreibe sie auf:

Ich werde ______________________________

____

____

____

____

____

... zum Geschichten-Schreiben

1 Bildgeschichte

2 Personenbeschreibung

Suche dir eine Person aus, die du genau kennst und beschreiben möchtest.
Zum Beispiel: Mama, Papa, Oma, Opa, Geschwister, beste Freundin, bester Freund …

3 Tätigkeitsbeschreibung

Ich gehe für Mama einkaufen.

4 Reizwortgeschichte

Erfinde eine spannende Geschichte, in der folgende Wörter vorkommen:

Kind – Waveboard – Krankenhaus

Für weitere Informationen steht Ihnen gerne Ihre VERITAS-Kundenberatung zur Verfügung.
Rufen Sie einfach an, schicken Sie ein Fax oder ein E-Mail!
Tel. 0043/(0)732/776451/2280, Fax: 0043/(0)732/776451/2239
E-Mail: kundenberatung@veritas.at
Besuchen Sie uns auf unserer Website www.veritas.at

2. Auflage (2015) – entspricht der Rechtschreibreform 2006.
Gedruckt in Österreich auf umweltfreundlich hergestelltem Papier
Lektorat: Klaus Kopinitsch
Bildredaktion: Alexandra Rittberger
Herstellung, Layout und Umschlaggestaltung: Irene Demelmair, Julia Bamberger
Illustrationen: Ulf Kossak
Umschlagfoto: ms. foto.group/Linz
Satz, Montage, Offsetproduktion: Tanczos KG, St. Florian

ISBN 978-3-7101-0376-6

Rätselfragen

Für jeden erledigten Tag findest du hier eine Rätselfrage.
Tipp: Das Lösungswort hast du an diesem Tag schon geschrieben.
Suche das Lösungswort dann auf der nächsten Seite und male es in der Farbe der Seifenblase an!

Tag 2
Was macht den Tee süß?
___

Tag 1
Wie heißt die Jahreszeit vor dem Herbst?
___

Tag 6
Wednesday heißt auf Deutsch
___.

Tag 4
Was lässt Rapunzel aus dem Turmfenster hinunter? Seine
___.

Tag 8
Woraus macht man Popcorn? Aus
___.

Tag 11
Ich hab einen Sattel, bin aber kein Pferd.
___

Tag 10
Welcher Vogel kann auch sprechen? Der
___.

Tag 3
60 Minuten ergeben eine
___.

Tag 14
Forellen und Karpfen sind
___.

Tag 13
Ohne mich gäbe es keinen Honig.
___

Tag 7
Wie heißen getrocknete Weintrauben?
___

Tag 15
Unterer Teil des Rückens:
___

Tag 12
Wo kaufst du frische Semmeln? In der
___.

Tag 5
Was trägt Flüsterix am Strand? Eine
___.

Tag 9
Was sieht man, bevor es donnert?
___